우르르 쾅쾅
하늘이 열린 날

스푼북은 마음부른 책을 만듭니다. 맛있게 읽자, 스푼북!

우르르 쾅쾅
하늘이 열린 날

초판 1쇄 발행 2017년 2월 15일
초판 8쇄 발행 2022년 1월 14일

글 김태호 | 그림 이수영

ⓒ 2016 김태호
ISBN 979-11-9601-020-1 73910

한국출판문화산업진흥원 2016년 우수출판콘텐츠 제작 지원 사업 선정작입니다.

* 저작권법에 의하여 한국 내에서 보호를 받는 저작물이므로 무단 전재와 무단 복제를 금합니다.
* 이 도서의 국립중앙도서관 출판시도서목록(CIP)은 e-CIP홈페이지(http://www.nl.go.kr/ecip)와
  국가자료공동목록시스템(http://www.nl.go.kr/kolisnet)에서 이용하실 수 있습니다. (CIP제어번호 : CIP2017001831)
* 책값은 뒤표지에 있습니다.

발행처 주식회사 스푼북 | 발행인 박상희 | 출판신고 2016년 11월 15일 제2017-000267호
제조국 대한민국 | 주소 (03993) 서울시 마포구 월드컵북로 6길 88-7 ky21빌딩 2층
전화 02-6357-0050(편집) 02-6357-0051(마케팅) | 팩스 02-6357-0052
전자우편 book@spoonbook.co.kr | 블로그 blog.naver.com/spoonbook1

*10세 이상 어린이 제품

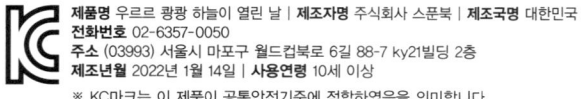

✿ 작가의 말

　세계의 수많은 나라 중에 우리는 여기 대한민국에 태어나서 자라고 있어요.
　우리나라의 처음 시작은 어땠을까요? 어떤 나라들이 있었고, 그 나라를 세운 시조들은 누가 있었으며, 어떤 역경과 고난을 이겨 내고 왕이 되었을까요?
　이 책에서는 그 시조들의 신비롭고 재미난 이야기가 펼쳐져요. 하늘과 땅이 하나로 붙어 있던 시대가 나오고, 천제의 아들이 시험에 빠지기도 하고, 곰이 사람이 되고, 알에서 태어난 아이가 나오고, 자라와 물고기가 만들어 준 다리를 이용해 강을 건너기도 해요.

거북아 거북아 ♪♬

신화 속에 나오는 시조들은 뛰어난 능력과 매력을 가지고 있어요. 하지만 이 책은 시조를 우러러 보기 위해서 신화를 이야기하지 않았어요.

우리 신화는 오랜 시간 동안 사람들의 입에서 입으로, 기록에서 기록으로 전해져 왔어요. 결국, 그 시대 사람들에게 가장 중요한 생각만 이야기로 살아남을 수 있었어요. 그래서 신화는 수많은 시대를 거쳐 이어져 온 인간의 삶과 생각이 고스란히 담겨 있어요. 시조에 관한 신화지만 그 속에서 보통 사람들이 꿈꾸던 삶의 모습을 엿볼 수 있어요.

신화는 그 시대 사람들의 관심이 반영된 것으로 역사적인 의미가 담겨 있어요. 우리 신화를 즐겁게 읽고 이해하려고 해 보면 자연스럽게 조상들이 남긴 삶의 지혜를 얻게 되지요.

우리 신화는 우리가 만들어 가는 이야기예요. 지금 살고 있는 우리의 이야기를 담아서 신화를 읽고 이해해야 해요. 그건 이 책을 읽는 여러분들의 몫이에요.

김태호

● 차례

하늘의 아들 단군 …… 8
고조선 건국 신화

활 잘 쏘는 사람 주몽 …… 26
고구려 건국 신화

백제 왕의 어머니 소서노 …… 52
백제 건국 신화

하늘이 내린 인연, 박혁거세와 알영 …… 73
신라 건국 신화

거북아 거북아 왕을 내놓아라 …… 89
가야 건국 신화

하늘의 아들 단군
고조선 건국 신화

아주 오래전 세상이 처음 시작되었을 때 이야기이다. 그때 하늘과 땅은 하나의 세상이었다. 마음만 먹으면 하늘에서도 살고, 땅에서도 살 수 있었다.

어느 날 하늘은 점점 더 높아지고, 땅은 자꾸 넓어지기 시작하더니 두 세상으로 나눠져 버렸다. 더 이상 마음대로 오고갈 수 없게 된 것이다.

하늘 세상에는 환인이 있었다. 환인은 자애롭고 어진 성품으로 하늘을 다스렸다. 그래서 하늘은 언제나 평화롭고, 부족함 없는 풍요로운 세상이었다. 하늘 세상 사람들은 풍요에 젖어서 아래 세상에는 관심이 멀어졌다.

'우당탕 타당 쾅쾅!'

하늘 아래 숲은 시끌벅적 요란스러웠다.

"이건 내 거야!"
"내가 먼저 봤다고."
곰과 호랑이가 열매 하나를 가지고 싸우고 있었다.
"열매는 우리 먹을거리야."
이번엔 생쥐 하나가 나타나서 곰과 호랑이에게 대들었다.
"조그만 게 어디서 까불어!"
호랑이가 귀찮다는 듯 뒷발로 생쥐를 뻥! 차 버렸다.
"너희들이나 까불지 마."
생쥐는 날아가면서도 당당히 소리쳤다.
곰이 생쥐를 보며 '흥!' 콧방귀를 뀌었다. 그러나 얼마 가지 않아서 곰과 호랑이는 눈이 휘둥그레졌다. 멀리서 생쥐들이 떼로 몰려오고 있었던 것이다.
생쥐 뒤에는 몽둥이를 흔드는 사람들이 달려오고 있었다.
"사람도 먹고 살자."
열매는 땅에 떨어져 뒹굴고 곰, 호랑이, 생쥐 떼 그리고 사람들까지 시끌벅적 뒤엉켜서 싸웠다. 그렇게 아래 세상은 질서 없이 뒤죽박죽 하루도 조용한 날이 없었다.
"쯧쯧쯧."
긴 도포 자락으로 짙은 구름을 걷어 내고 아래 세상을 내려다보는 사람이 있었다. 고개를 흔들며 걱정스럽게 한숨을 쉬는 사람은 바로 환인이었다.
'아래 세상을 어찌한단 말이냐?'

환인이 직접 아래로 내려가 다스리자니 하늘 세상이 걱정이고, 모르는 척하자니 아래 세상이 마음에 걸렸던 것이다.
"무슨 생각이 그리도 깊으십니까?"
환인 곁에 나란히 서 있던 신하들이 걱정스럽게 물었다.
환인에게는 능력 있는 신하들이 여러 명 있었다. 한숨짓던 환인은 신하들을 보며 무릎을 딱! 쳤다. 신하들 중에 누군가 내려가 아래 세상을 다스리면 좋겠다고 생각했다.
하지만 신하라고 해서 아무나 아래 세상을 다스리게 할 수는 없었다. 환인은 신하들의 능력을 알아보고 싶었다.
"아래 세상이 시끄러워 잠을 잘 수가 없구나! 누가 내려가 저들을 조용하게 만들겠느냐?"

덩치가 크고 용맹한 첫 번째 신하가 앞으로 나와 말했다.

"저에게 풍백을 데려갈 수 있도록 허락해 주십시오."

풍백은 바람을 다스리는 신이었다. 언제 어디서든 자유롭게 바람을 일으킬 수 있었다.

"그래, 그럼 풍백과 함께 아래 세상을 잘 다스려 보아라."

환인은 첫 번째 신하의 부탁을 들어주었다.

첫 번째 신하는 풍백과 함께 아래 세상으로 내려갔다. 그곳은 조용한 곳이 없었다. 여기저기 먹을 것을 두고 싸우는 사람들과 동물들이 시끄럽게 뛰어다니며 난리였다.

첫 번째 신하는 아래 세상의 모든 생명들이 듣도록 커다란 목소리로 소리쳤다.

"내 말을 듣지 않으면 너희들을 멀리 날려 버리겠다."

'휘이익 휑휑!'

풍백의 손짓으로 바람이 일어났다. 바람은 나무를 뿌리째 뽑을 정도로 거세게 몰아쳤다. 곰이랑 호랑이는 떼굴떼굴 바람에 굴러다녔고, 생쥐들은 어딘가로 날아가 버렸다. 사람들은 나무를 안고서 버텨야 했다. 하지만 나무는 뿌리째 뽑혀 버렸다.

"아이고, 무서워!"

소란스럽던 아래 세상은 겁을 먹고 조용해졌다. 모두 동굴이나 집에 숨어서 밖으로는 나올 생각도 하지 않았다.

아래 세상은 바람만 날리는 쓸쓸한 곳이 되어 버렸다.

환인은 고개를 흔들며 한숨을 내쉬었다.

"제가 한번 나서 보겠습니다."

이번엔 두 번째 신하가 비의 신 우사를 데리고 땅으로 내려갔다.

"숨어 있는 생명들을 모두 쏟아져 나오게 만들겠습니다. 비야 퍼부어라."

두 번째 신하는 땅속과 동굴 속 그리고 집 안으로 비를 퍼부었다. 집과 먹을거리, 생명들까지도 빗물에 쓸려 가도록 만들었다. 우사가 나타나면 누구나 두려움에 벌벌 떨었다.

아래 세상은 더 두렵고 무서운 세상이 되어 버렸다.

"저에게 운사를 데려갈 수 있도록 해 주십시오."

세 번째 나선 사람은 환웅이었다. 환웅은 환인의 아들이었다. 환인은 환웅의 환하고 온화한 얼굴을 보았다. 꼭 환인의 젊은 시절 모습 같았다.

환웅은 구름의 신인 운사를 데리고 땅으로 내려왔다.

"어째서 그리 두려움에 떨고 있느냐?"

환웅은 하늘 아래 생명들에게 물었다.

"언제 바람이 불어 날아갈지, 비가 쏟아져 떠내려갈지 모르는 세상이니 사는 게 사는 것 같지 않습니다."

하늘 아래 생명들은 밖으로 나오지도 못하고 숨어서 소리쳤다.

"태백산 신단수에서 하늘을 위해 제사를 지내라. 그럼 언제라도 너희들의 고민을 해결해 주겠다."

환웅은 사람들에게 우선 도움을 주어야겠다고 생각했다.

환웅은 운사에게 말했다.

"운사는 풍백과 우사가 나타나기 전 먼저 구름을 띄워라."

환웅은 아래 세상 생명들이 바람과 비의 피해를 미리 준비할 수 있게 해 주었다.

그 뒤로부터 비가 오려면 하늘에 구름이 먼저 나타났고, 거센 바람이 불기 전에 먼저 구름이 빠르게 지나갔다. 하늘 아래 생명들은 구름만 보고도 무슨 일이 일어날지 알게 되었다.

"감사합니다. 환웅 님 정말 감사합니다."

환웅에게 고마움을 느낀 사람들은 태백산에서 제사를 지내기 시작했다.

"환웅이면 지상에 내려가 사람들을 이롭게 잘 보살펴 줄 것이다. 환웅에게 천부인과 풍백, 운사, 우사 그리고 삼천의 백성을 주어 함께 내려보내겠다. 환웅은 세상을 널리 이롭게 잘 다스리도록 하라."

환인이 기쁜 마음으로 환웅을 아래 세상으로 내려보냈다.

환웅은 사람들을 이끌고 태백산 꼭대기 신단수에 내려와 도시를 세웠다. 그곳은 신이 사는 도시라는 의미로 '신시'라고 불렸다.

"곡식, 생명, 질병, 형벌, 선, 악 등 인간 세상의 360여 가지 일을 직접 다스릴 것이다. 나를 따라 널리 인간을 이롭게 만들도록 하자."

환웅은 환인이 내려 준 천부인을 높이 들고 외쳤다. 천부인은 청동검, 청동거울, 청동방울이다. 이것들은 신의 위력과 영험을 상징한다. 사람들은 하늘에서 내려온 증거 앞에 엎드려 환웅을 천왕으로 받들었다.

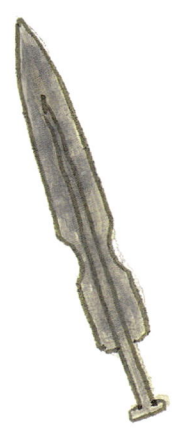  

"우사는 메마른 땅을 찾아 비를 내려라, 풍백은 자라는 씨앗을 바람으로 널리 퍼트려 세상 곳곳에 열매가 열리도록 하라."

환웅은 비가 필요하거나 바람이 필요한 곳에 풍백과 우사, 그리고 운사까지 보내어 사람들에게 도움을 주도록 했다.

척박하던 땅에 비가 내리고 새싹이 자라더니, 열매가 주렁주렁 열린 나무가 생겼다. 산을 타고 내려온 물은 강을 이루고, 물고기가 강물 위로 뛰어올랐다. 사람들은 집을 짓고, 농사를 시작했다. 물고기를 잡아 식량을 미리 준비하고 시원한 바람과 햇살에 몸을 편히 뉘였다.

사람들은 환웅의 보살핌에 살기 좋은 시대를 맞이하게 되었다. 아래 세상에도 점점 질서가 잡히기 시작한 것이다.

환웅의 이야기는 세상에 퍼져 나갔다. 사람들뿐 아니라 동물들에게도 환웅은 존경받는 인물이 되었다.

어느 날, 환웅을 호랑이와 곰이 찾아왔다.

"환웅 님께 도움을 드리며 살고 싶어요."

호랑이와 곰은 넙죽 엎드리며 말했다.

"내게 도움을 주겠다고?"

환웅이 호랑이와 곰을 내려다보며 말했다.

"네. 인간이 되어서 세상을 이롭게 하는 데 작은 힘을 보태고 싶거든요."

환웅은 그들의 마음 씀씀이가 고마웠다.

"인간이 되는 일은 쉽지 않을 거다. 그래도 인간이 되겠느냐?"

"참고 견디는 것은 무엇이든 자신 있어요. 어떻게 하면 되는지 말씀만 해 주세요."

호랑이가 자신 있게 말했다.

"그럼 햇빛 없는 동굴에서 삼칠일(21일) 동안 신령스러운 쑥 한 다발과 마늘 스무 개를 먹으며 견디어라. 그렇게 할 수 있겠느냐?"

호랑이와 곰은 서로 눈을 마주치며 고개를 끄덕였다. 할 수 있다는 다짐이었다.

그 이후로 호랑이와 곰은 햇빛이 들지 않는 동굴에 들어가 쑥과 마늘만 먹으며 지내기 시작했다.

"어윽!"

"호랑아, 괜찮아."

마늘을 삼키지 못하고 고통스러워하는 호랑이를 보며 곰이 말했다.

"곧 괜찮아지겠지. 참아 낼 수 있어."

호랑이가 억지웃음을 지었다.

마늘과 쑥을 먹는 것은 호랑이와 곰에게 고통이었다. 참기 어려운 하루하루를 보냈다.

처음에는 호랑이와 곰 모두 후회하지 않았다. 사람이 되어서 많은 일을 할 수 있을 거란 기대에 부풀어 있었다. 그런데 쑥과 마늘만 먹는 것은 점점 더 큰 고통으로 다가왔다.

얼마 지나지 않아 호랑이는 도저히 견딜 수 없었다.

"커흥! 어우웅."

호랑이는 마늘 냄새만 맡아도 미칠 것 같았다. 밤새 동굴 안에는 호랑이의 고통스러운 외침 소리가 울렸다. 하지만 곰은 눈을 감고 잠을 자듯 참아 내고 있었다.

호랑이는 잠들지 못하고 어두운 동굴에서 왔다 갔다를 반복했다.

'꿀꺽!'

호랑이는 잠든 곰을 보며 침을 삼켰다. 너무 배가 고픈 나머지 곰에게 덤벼들 것 같았다. 호랑이는 자기의 앞발을 깨물며 참으려 했다.

"친구야, 미안하다. 잘못하면 너한테까지 피해를 줄 것 같아."

호랑이는 잠든 곰에게 속삭이며 눈물을 흘렸다. 그리고 조용히 일어나 동굴 밖으로 나왔다.

'잘 가라, 친구야.'

동굴에 남은 곰은 사실 잠이 든 것이 아니었다. 호랑이를 붙잡고 싶었지만 누구보다 호랑이의 고통을 잘 알고 있으니 그러지 못했다.

"네 몫까지 견딜게."

곰은 호랑이가 떠나고 나서 참았던 눈물을 쏟았다.

곰은 혼자 남게 되자 동굴 생활이 더욱 힘들었다. 하지만 사람이 된 후 환웅을 도와 많은 일을 하고 싶다는 굳은 의지로 참았다.

그렇게 시간이 흘러 어느덧 약속한 삼칠일이 되었다.

"와아, 부드럽다."

잠에서 깨어난 곰은 털이 사라진 매끄러운 피부를 쓰다듬으며 눈물을 흘렸다.

"머릿결은 또 얼마나 부드러운지."

곰은 긴 머리를 쓸어내리며 혼자 중얼거렸다.

곰은 여인으로 다시 태어났다. 아름다운 여인이 된 것도 기뻤지만 무엇보다 힘든 고통을 참아 낸 자신이 자랑스러웠다.

여인으로 변한 곰은 동굴 밖으로 두 발로 걸어 나왔다.

"세상은 변한 게 없구나!"

사람일 때나 곰일 때나 세상은 똑같았다. 하지만 여인이 된 곰은 무엇이든 할 수 있을 것 같은 자신감이 넘쳤다. 곰의 마음에는 많은 변화가 있었던 것이다.

예쁜 얼굴보다 마음이 더 아름다운 이 여인은 나중에 '웅녀'라고 불렸다.

얼굴이 아름다운 여인은 많았지만 마음이 웅녀만큼 아름답고 자신감 넘치는 멋진 사람은 없었다. 하늘에서 내려온 환웅도 웅녀를 보고 반하지 않을 수 없었다.

"내 곁에서 함께 세상을 이롭게 만들어 보지 않겠습니까?"

환웅은 남자로서 웅녀에게 마음을 고백했다. 그렇게 존경하던 환웅이 자신 앞에 고개를 숙이자 웅녀는 기쁨을 감출 수가 없었다.

환웅과 웅녀는 마침내 서로 사랑하고 존경하는 부부가 되기로 하였다. 두 사람의 혼인은 많은 사람과 동물들의 축복 속에 이루어졌다.

혼인식이 있던 날, 태백산 깊은 곳에서 하루 종일 호랑이가 '커흥커흥' 울었다.

"호랑이 녀석, 혼자 도망치더니 부러워서 난리구먼!"

"그러니까. 왜 그걸 못 참아."

사람들은 호랑이를 놀렸다.

하지만 웅녀는 호랑이가 진심으로 자신을 축하해 주고 있다는 걸 알았다. 호랑이의 노력도 대단하다고 생각했다. 웅녀는 호랑이를 위해 또 한 번 눈물을 흘렸다.

시간이 지나고 환웅과 웅녀는 건강한 남자아이를 낳았다. 이 남자아이는 아버지의 힘과 지혜, 어머니의 끈기와 자신감을 그대로 물려받았다. 그가 바로 우리나라 시조인 단군왕검이다.

단군왕검은 아사달에 도읍을 정하고 나라 이름을 조선이라 했다. 그리고 이 나라를 풍요롭고 평화롭게 1500여 년 동안이나 다스렸다.

활 잘 쏘는 사람 주몽

고구려 건국 신화

동부여 금와왕이 태백산 남쪽으로 사냥을 떠났을 때였다.

금와왕은 잠시 쉬기 위해 우발수라는 호숫가에 들렀다. 그때 금와왕을 향해 한 어부가 급하게 달려왔다.

"물속에 팔이 세 개인 여자가 있습니다."

어부가 금와왕 앞에 넙죽 엎드려 말했다.

"팔이 세 개? 물속 여인은 죽었느냐?"

"아직 살아 있습니다."

"그럼 어찌 서둘러 꺼내지 않는 것이냐?"

금와왕이 어부를 향해 소리쳤다.

"그물을 던져 꺼내려 했지만 그때마다 그물이 찢어졌습니다."

"허허, 그것 참 알 수 없는 일이로구나!"

금와왕은 신하들을 시켜 쇠그물을 만들게 했다. 그러고는 물속에 있는 여인을 쇠그물로 꺼냈다.

　물 밖으로 나온 여인의 모습은 흉측했다. 처음에는 팔이 세 개인 줄 알았는데, 자세히 보니 팔 하나는 여인의 입이 길게 늘어난 것이었다. 그 모습을 본 신하와 어부는 뒷걸음질하며 두려워했다.

　"너는 어찌 입이 그리도 길어진 것이냐?"

　부끄러워 고개를 숙인 여인에게 금와왕은 가까이 다가갔다. 여인의 남다른 외모에 금와왕은 그냥 지나칠 수가 없었다.

　"생김새 때문에 부끄러워할 필요는 없느니라."

　금와왕이 말했지만 여인은 여전히 아무 말도 못했다. 대답을 하고 싶어도 기다란 입 때문에 말을 할 수 없었던 것이다.

　금와왕은 일단 이 여인을 궁전으로 데리고 왔다.

　그런데 신기한 일이 일어났다. 궁전으로 오는 내내 한줄기 빛이 계속 여인을 비추며 따라오는 것이었다.

　'보통의 여인이 아닌 게 분명해.'

　금와왕은 여인을 궁전 안쪽의 방에 머물게 해 줬다. 빛은 그 방까지 들어와 여인을 비추었다.

　금와왕은 여인이 계속 말을 하지 못하자 여인의 입을 잘라 주었다. 하지만 금방 입은 길게 늘어났다.

　금와왕도 보통 사람은 아니었다. 커다란 바위 밑에서 금개구리 모습으로 나온 사람이기 때문이다. 금와왕은 그때를 잊을 수가 없었다. 그래서 여인을 두려워하기 전에 안타깝게 여겼던 것이다.

　"입이 자라지 않을 때까지 잘라 주마."

금와왕의 마음을 알았는지 입은 세 번째 잘린 후에 더는 자라지 않았다. 여인도 이제 말을 할 수 있게 되었다.

"저는 강의 신 하백의 딸 유화입니다. 제가 물속에 갇히게 된 이유는……."

유화는 전에 해모수와 만나 사랑에 빠졌다. 해모수는 천제의 아들로 다섯 용이 끄는 마차를 타고 내려와 인간 세상을 다스리던 사람이었다. 나중에 해모수는 유화만 남기고 하늘로 가 버렸다. 그러자 하백은 크게 분노하여 유화의 입을 길게 만들고 물속에 가두었던 것이다.

"그동안 힘들었으니, 이곳에서 편히 쉬도록 하시오."

금와왕은 유화의 마음을 잘 알아서 다시 돌려보낼 수 없었다. 달리 갈 곳도 없던 유화는 그렇게 금와왕의 궁에 머무르게 되었다.

그런데 다음 날부터 이상한 일이 또 생겼다.

유화를 따라다니던 빛이 이제 유화의 배만 비추기 시작했다. 그러자 유화의 배는 아기를 가진 것처럼 불러 왔다. 배는 금방 커다랗게 부풀어 올랐다.

"빛이 따르고 또 하루 만에 임신을 하다니, 이것은 불길한 징조입니다."

금와왕에게는 일곱 명의 아들들이 있었는데, 그중 첫째인 대소가 나서서 왕에게 말했다.

"유화란 여인을 멀리 쫓아내셔야 합니다."

대소와 함께 아들들은 모두 왕에게 간절히 말했다.

"그런 일은 없을 테니 모두 물러가거라."

왕은 아들들의 말을 단번에 거절하며 크게 화를 냈다. 하지만 당당하던 목소리는 얼마 가지 못해서 바로 꺾이고 말았다.

다음 날, 유화는 사람이 아닌 커다란 알을 낳았다. 아기가 들어갈 만한 크기의 알은 얼굴이 비칠 정도로 반짝거렸다. 모두에게 비밀로 했지만 소문은 금방 궁에 퍼졌다. 사람들은 불길함을 감추지 못했다.

"사람이 알을 낳다니요. 알은 분명 우리에게 해가 될 것이니 깨어 버려야 합니다."

금와왕은 어쩔 수 없이 아들 대소의 말에 고개를 끄덕였다.

대소는 그길로 알이 있는 유화의 방으로 향했다.

"그 알을 이리 주시오. 나라의 안위를 위한 일이니 너무 원망하지는 마시오."

대소는 유화에게서 알을 빼앗았다.

"안 돼요!"

유화는 울부짖었지만, 대소는 아랑곳하지 않고 알을 빼앗아 나왔다.

"말이 먹도록 마구간에 버려라."

대소는 다른 왕자를 시켜 알을 마구간에 버렸다.

"형님, 어서 와 보십시오!"

알을 버리러 갔던 왕자가 급히 대소를 찾았다. 대소가 마구간으

로 달려가 보니 말과 돼지 그리고 닭까지 알을 둘러싸고 앉아 있었다. 먹기는커녕 알을 보호하고 있었던 것이다.

"안 되겠다. 깊은 숲속 짐승들에게 먹이로 줘 버리자."

이번엔 대소가 직접 알을 숲속에 버리고 돌아왔다.

왕자들이 한 일을 전해 들은 금와왕은 마음이 아팠다.

다음 날 밤, 금와왕은 신하 하나를 데리고 왕자들이 알을 버렸다는 숲으로 가 보았다. 한밤중이었지만 알을 찾는 일은 그리 어렵지 않았다. 밝은 빛을 뿜고 있는 알은 어둠 속에서 더 쉽게 눈에 띄었다.

"아니, 이게 어찌 된 일이냐?"

여전히 호랑이와 동물들이 알을 둘러싸고 모여 있었다. 누가 보아도 알을 따스하게 보살피고 있는 모습이었다.

"내가 너에게 몹쓸 짓을 했구나."

금와왕은 알을 가슴에 품고 돌아와 유화에게 돌려주었다. 그 소식을 들은 왕자들이 달려와 왕 앞에 엎드렸다.

"아니 되옵니다. 저 알은 훗날 틀림없이 우리에게 해가 될 것입니다."

대소가 통곡하듯 말했다.

"왕자들과 신하들은 잘 들어라. 나는 어릴 적 바위 밑에서 금개구리 모습으로 이 세상에 태어났다. 두 눈이 툭 튀어나온 흉측한 나를 품어 주신 해부루왕이 있었기에 지금 내가 이 자리에 있고, 또 너희들이 있는 것이다. 나와 다른 것을 두려워하지 마라."

왕자들은 더 이상 아무 말도 하지 못했다. 그렇다고 알에 대한 의심이 사라진 건 아니었다.

그 뒤로 유화는 알을 보살피는 일에 온갖 정성을 다했다.

보살핌을 받은 알에서는 건강한 사내아이가 나왔다.

"아가야, 너는 천제의 손이요, 하백의 외손이다."

유화는 아이를 안고 매일 이 말을 반복해서 들려주었다. 아이는 뜻을 아는지 그 말을 들을 때마다 벙글거리며 웃었다.

아이는 남다르게 태어난 것처럼 자라는 것도 달랐다. 영특할 뿐 아니라 무예에도 특출한 재주를 가지고 있었다.

아이가 일곱 살 때였다.

"어머니, 파리가 자꾸 귀찮게 해서 견딜 수가 없어요. 대나무 활을 만들어 주세요."

유화는 아들에게 대나무로 활을 만들어 주었다.

'휙! 휙!'

일곱 살 먹은 아이가 작은 대나무 활로 파리들을 척척 맞췄다. 백발백중이었다. 그 이후로 사람들은 아이를 주몽이라 불렀다. 활을 잘 쏜다는 의미의 이름이었다.

주몽이 소년이 되었을 때, 금와왕은 일곱 왕자들과 주몽을 데리고 사냥을 떠났다.

"왕이시여, 이런 행운이 어디 있습니까?"

대소가 금와왕에게 급하게 뛰어왔다.

"대소, 무슨 일인데 그러느냐?"

"저 아래 연못가에 호랑이와 새끼가 함께 있다고 합니다. 어미 호랑이는 잡아서 가죽을 벗기고, 새끼 호랑이들은 놀잇감으로 데리고 있으면 좋을 듯합니다."

대소는 급히 활과 화살을 챙기며 말했다.

"어미 호랑이를 꼭 잡아야 하나요?"

소년 주몽이 대소 앞을 막고 서서 올려다보며 말했다.

"어린것이 어디 왕자의 앞을 막아서느냐?"

대소는 소년 주몽을 옆으로 밀어 넘어트리고, 연못가 호랑이에게로 달려갔다. 주몽은 벌떡 일어나 작은 활을 들고 대소를 따라 뛰어갔다.

주몽은 대소가 보이는 건너편 숲속에 몸을 숨겼다.

대소의 말대로 연못가에는 어미 호랑이가 새끼 호랑이 두 마리와 함께 한가히 놀고 있었다. 대소는 입가에 미소를 지으며 호랑

이 머리를 겨냥해서 활을 쏘았다.
 "이건 백발백중이야!"
 대소는 활시위를 놓는 순간, 확신했다. 대소도 활 쏘는 솜씨라면 누구에게도 뒤지지 않았다.
 화살은 어미 호랑이를 향해 똑바로 날아갔다.

'퍽.'

어떻게 된 일인지 화살은 어미 호랑이 바로 앞에서 튕겨져 나갔다. 깜짝 놀란 호랑이는 새끼 호랑이를 데리고 숲으로 도망쳐 버렸다.

"이게 어찌 된 일이냐!"

대소는 크게 화를 내며 호랑이가 있던 곳으로 가 보았다. 근처 나무 기둥에 화살이 꽂혀 있었다. 그런데 화살에는 또 다른 화살이 꽂혀 있었다. 날아가는 화살을 누군가 다른 화살로 정확히 맞추었던 것이다.

"아니, 이 화살은……."

대소가 고개를 돌려 보니 가까운 수풀 속에서 주몽이 활을 들고 서 있었다.

주몽은 날아가는 화살을 활로 쏘아 정확히 맞춘 것이다.

"너…… 너는!"

놀랍기도 하고 분하기도 해서 대소는 주먹을 꼭 쥐고 부들부들 떨었다.

대소는 활을 당겨 어린 주몽을 겨냥했다. 주몽은 그 자리에서 꿈쩍도 하지 않고 대소의 눈을 노려보았다. 활시위를 잡고 있던 대소의 손이 부들부들 떨렸다. 대소는 끝내 활시위를 놓고 뒤돌아섰다.

'언젠가 주몽을 없애고 말겠어. 분명 저 녀석은 이 나라에 근심이 될 것이다.'

대소는 다짐했다.

주몽이 날아가는 화살도 맞춘다는 소문은 나라에 금방 퍼졌다. 그럴수록 왕자들의 질투와 시기심은 커져만 갔다. 금와왕은 그런 왕자들의 마음을 달래고 주몽을 지킬 수 있는 좋은 해결책을 찾았다.

"말을 키워 내는 것은 정말 중요한 일이니, 주몽이 마구간 일을 맡아 해 주길 바란다."

주몽은 금와왕이 시키는 대로 말을 보살피는 일을 하게 되었다.

중요한 일이라고 했지만 말의 똥을 치우고 먹이를 주는 일이 대부분이었다. 하지만 주몽은 이 일도 대충하는 법이 없었다. 주몽은 금방 어떤 말이 좋은 말인지를 알아볼 수 있게 되었다.

날이 갈수록 주몽의 재능은 더욱 빛을 발했다. 말을 키우는 일을 맡아 하는데도 주몽의 학문과 무예의 수준은 나날이 높아졌다. 아무리 허드렛일을 하고 있어도 주몽의 기운은 남달랐다.

주몽의 손에 자라는 말들은 어떤 말들보다 튼튼하고 잘 달렸다.

"이 여덟 마리 망아지들을 앞으로 왕자들에게 나눠 줄 것이다. 잘 키워 보아라."

금와왕은 여덟 마리 망아지를 주몽에게 맡기며 말했다.

주몽은 그 말들을 정성을 다해 키웠다. 그중에 일곱 마리 말은 털빛이 곱고 아름다운 데다가 아주 튼튼하게 자랐다. 하지만 한 마리만은 비쩍 말라서 털이 푸석하고 약해 보였다.

"이 말은 어찌 이리 비실거린단 말이냐? 주몽 네가 일을 제대로 하지 않았구나!"

"하하하, 주몽이 그 말을 가지면 되겠네요."

왕자들은 모두 튼튼한 말을 골라 가졌다. 물론 비쩍 마르고 허약한 말은 주몽의 차지가 되었다. 볼품없는 말이 주몽과 참 잘 어울린다며 왕자들은 놀려 댔다.

"일곱 마리는 정말 멋지고 튼튼하게 자랐구나! 주몽 네 손을 거치면 모든 게 이리도 잘 풀리는구나. 이제 나라를 위해 더 큰일도 해야지."

금와왕은 일곱 왕자들의 말을 보며 주몽에게 칭찬을 늘어놓았다. 일곱 왕자들은 더 이상 이대로 있으면 안 되겠다고 다시 한번 입을 모았다.

'기회를 잡아서 주몽과의 인연을 끝내야겠다.'

대소는 말고삐를 꽉 움켜쥐며 다짐했다.

어느 날, 대소가 말을 타고 나갔다가 말이 넘어져 다쳤다는 소식이 들렸다. 말에 관한 일은 주몽의 책임이니, 주몽은 바로 그곳으로 달려갔다. 하지만 기다리고 있는 것은 멀쩡한 대소와 여섯 왕자들 그리고 힘센 부하들이었다.

주몽은 신하들에게 붙들려 커다란 나무 기둥에 꽁꽁 묶였다.

"이제 그만 우리 눈앞에서 사라져라."

대소는 묶여 있는 주몽을 향해 활시위를 당겼다.

'퓨흉!'

화살은 날아가 정확히 주몽의 머리 위 나무 기둥에 꽂혔다.

"내가 직접 죽일 수도 있지만 왕을 보아서 그것만은 참는다."

대소가 말했다.

"알이었을 때 짐승들이 돌봐 주었으니, 이렇게 묶여 있어도 그리하지 않을까? 아니면 잡아먹거나. 또 그렇지 않으면 굶어 죽겠지. 허허허."

왕자들은 주몽을 나무에 묶어 둔 채 돌아갔다.

하지만 주몽은 온 힘을 다해 줄을 풀어 내고 나무 밑에 주저앉아 울부짖었다.

"나는 천제의 손이고, 하백의 외손이다. 그러나 천대받으며 살고 있으니 이는 죽는 것만 못하다."

주몽은 동부여를 떠나 남쪽으로 가고 싶었다. 하지만 홀로 계신 어머니를 두고 갈 수는 없었다. 유화는 멀리 이동할 수 없을 정도로 몸이 허약했다. 주몽은 퉁퉁 부은 눈을 하고서 집으로 돌아왔다.

유화는 그런 주몽을 방으로 불러들였다.

"너는 천제의 손이고 하백의 외손이다. 이곳에 머물지 말고 남쪽으로 내려가 나라를 세워라. 어미는 어미의 길이 있고, 너는 너의 길이 있느니라."

유화는 그대로 주몽을 밖으로 내몰았다.

"어머님!"

주몽은 문을 꼭 잠근 어머니를 향해 큰절을 올리고 발길을 돌렸다.

주몽에게는 어머니뿐 아니라 임신 중인 부인 예씨도 있었다.

"저도 어머니의 뜻과 같습니다. 인연이면 언젠가 또 만날 것입니다."

예씨 부인 역시도 주몽의 가는 길에 방해가 되고 싶지 않다고 했다.

주몽은 어머니와 임신한 부인을 남겨 두고 길을 떠났다. 그러니 각오를 다지고 또 다질 수밖에 없었다.

주몽은 평소 자신을 따르던 사람들과 동부여를 떠나기로 했다. 주몽은 마구간으로 달려가 자신의 말에 올라탔다.

주몽의 말은 윤기 나는 털에 튼튼한 다리를 가졌다. 누가 보아도 명말이었다. 볼품없다고 놀림받던 말이 어느새 명말로 자란 것이다. 주몽은 처음부터 명말인지 알아보고 일부러 먹이를 덜 먹이고, 관리도 하지 않았다. 그래야 다른 왕자들이 자신의 말을 넘보지 않을 거란 걸 알고 있었다. 자신의 말이 된 뒤로 정성을 다해 돌봐 주었다.

주몽은 이런 날이 올 거라 미리 생각하고 있었다. 그 시간 대소는 잠시 마당에 나왔다가 깜짝 놀라 엉덩방아를 찧고 말았다.

"대체 이게 무엇이냐?"

마당에는 주몽을 꽁꽁 묶어 두었던 나무가 뿌리째 뽑혀 떡하니 세워져 있었다.

"왕…… 왕자들 모두 나와 보아라. 어서, 어서들!"

대소는 정신없이 외쳐 댔다. 대소는 왕자들과 신하들을 데리고 주몽의 방으로 달려갔다. 하지만 이미 늦은 걸 알게 되었다. 대소는 부하들을 이끌고 주몽을 쫓아갔다.

주몽은 왕자들을 피해 남쪽으로 달렸다. 큰 강이 주몽 일행을 가로막았다. 강가 어디에도 배는 보이지 않았다. 지체한 만큼 대소와 왕자들이 수많은 병사들을 이끌고 다가오고 있었다.

"주몽은 거기 서라."

대소의 목소리가 점점 가까워졌다.

"주몽, 이제 어떡하지?"

주몽의 일행이 두려운 얼굴로 말했다.

눈을 감고 있던 주몽은 항상 어머니가 하던 말을 떠올렸다. 곧 눈을 뜨고 활을 높이 들어 하늘을 가리켰다.

"나는 천제의 손이요, 하백의 외손으로 지금 어려움에 처했으니 나를 불쌍히 여겨 내게 능력을 내려 주십시오."

주몽은 활로 강물을 내려쳤다.

이내 잔잔하던 강물이 보글거리기 시작했다. 곧 물고기와 자라들이 떠올라 다리를 만들었다. 주몽 일행이 말을 타고 건널 수 있을 정도로 튼튼한 다리였다. 주몽은 무사히 강을 건널 수 있었다.

바로 뒤에 따라온 병사들이 급히 다리에 올랐지만 물고기와 자라들이 흩어지며 모두 강에 빠져 버리고 말았다.

강을 건넌 주몽 일행은 며칠을 잠도 못 자고 달려 모둔곡이란 곳에 도착했다. 지친 말을 쉬게 하려고 시냇가에 멈춰 섰다. 주몽 일행은 그제야 긴장을 풀며 깊은 잠에 빠져들 수 있었다.

'좌아아!'

주몽의 얼굴에 누군가 물을 쏟아부었다.

"이놈아, 그만 일어나라."

주몽 일행이 깨어나 보니 산적들이 몸을 꽁꽁 묶어 놓았다.

"가진 것이 말뿐이냐? 이 거지들아."

험상궂게 생긴 사람들은 주몽 일행에게 칼을 들이대며 위협을 하고 있었다. 그때 어디선가 세 명의 사람이 나타났다. 삼베옷과 승려옷 그리고 수초 무늬가 있는 옷을 입은 세 사람은 뛰어난 무술 솜씨로 산적들을 물리쳤다. 주몽 일행은 그들 덕에 목숨을 구할 수 있었다.

"나는 천제의 손이고, 강의 신 하백의 외손이다. 이곳에 나라를 세우고자 한다. 때마침 그대들을 만났으니 어찌 신의 뜻이 아니겠는가. 나와 함께 큰 뜻을 펼쳐 보지 않겠느냐?"

주몽이 당당히 말했다.

주몽을 구해 준 세 사람은 황당한 눈빛으로 서로 얼굴만 쳐다보았다. 하지만 그들은 주몽이 가진 신비한 기운을 느끼고 보통 사람이 아님을 알아챘다. 세 사람은 주몽과 뜻을 함께하기로 했다.

주몽 일행은 남쪽으로 더 내려가 한참 만에 졸본 지역에 도착했다. 그들은 비류수 강가에 작은 초막을 짓고 함께 살기 시작했다. 주몽은 이곳에서 나라를 세우고 나라 이름을 고구려라 하였다.

그 무렵, 비류국의 송양왕이 그곳을 지나가다가 주몽과 만나게 되었다. 송양왕은 주몽이 아직 큰 세력은 아니지만 그의 비상함을

알아채고 관심을 가졌다.

"그대는 어디에서 왔느냐?"

송양왕이 주몽에게 물었다.

"나는 천제의 손이요, 하백의 외손으로 하늘의 자손입니다."

송양왕은 다시 한 번 주몽의 당당함에 놀랐지만 물러설 수 없었다.

"이 좁은 땅에 왕이 둘일 수는 없는 일. 나는 선인의 후손으로 이곳을 여러 선대에 걸쳐 다스려 왔으니, 나중에 온 그대가 나를 섬기는 것이 옳은 것 아닌가?"

"나는 천제를 계승한 사람이니 신이 아닌 당신을 모시는 일은 어려운 일입니다. 이는 하늘에서 용서하지 않을 겁니다."

송양왕은 하늘과 연결되어 있다는 주몽의 말이 의심스러웠다. 그래서 송양왕은 주몽의 재주를 시험해 보고 싶었다.

"함께 활쏘기 시합을 해 보지 않겠나?"

송양왕은 종이에 사슴을 그렸다. 사슴 배꼽 부위에 작은 동그라미를 표시해 두었다. 송양왕은 백 걸음을 걸어간 거리에서 활을 쏘았다. 화살은 배꼽의 근처에도 가지 못했다. 이에 주몽은 손가락에 끼는 옥가락지를 걸어 두고 백 걸음 밖에서 활을 쏘았다. 활은 옥가락지를 정확히 맞추어 깨 버렸다. 송양왕은 주몽의 재주에 놀라움을 감추지 못했다.

"나의 재주를 시험하시니 하늘에 힘을 빌려 보리다."

주몽이 송양왕에게 말했다. 주몽은 이내 서쪽으로 사냥을 떠나 사슴을 한 마리를 산 채로 잡아 왔다. 비류 강가 언덕의 나무에 사슴을 거꾸로 묶어 두고 소리쳤다.

"하늘을 향해 비를 내리게 해 달라 하여라. 비가 내리지 않으면 너는 목숨을 건질 수 없을 것이다."

사슴은 하늘을 향해 울어 댔다. 얼마 후에 하늘에서 비가 쏟아지기 시작했다. 퍼붓는 비에 집들이 떠내려가고 사람들이 물살에 휩쓸렸다. 주몽은 갈대로 엮은 새끼줄을 강에 던져 사람들을 구하고, 채찍으로 물살을 갈랐다. 그제야 퍼붓던 비는 멈추고 물이 줄어들었다.

이 모든 것을 본 송양왕은 결국 주몽에게 나라를 내주었다.

"이곳을 다스린 일은 선후가 중요하지 않으니 내가 주몽왕에게 항복하겠습니다."

이제 필요한 것은 제대로 된 성이었다.

"칠 일 안에 산 위에 성을 지어 낼 것이다."

주몽은 높다란 산을 가리키며 소리쳤다. 사람들은 믿을 수 없었다. 하지만 다음 날부터 신기한 일이 벌어졌다.

"저길 좀 봐. 구름이 산을 가리고 있어."

"안개도 몰려와서 산을 덮고 있잖아."

거대한 먹구름과 안개가 산 정상을 가렸다. 사람들은 산 아래로 몰려들었지만 아무것도 볼 수 없었다.

'와글와글 시끌시끌!'

구름 속 산에서는 수천 명의 목소리가 들려왔다.

'쓱쓱 쓰윽쓱.'
'뚝딱 뚜닥 뚜닥.'

그 안에서는 나무를 베는 소리와 뭔가 두드려 만드는 소리가 가득했다.

"지금 하늘이 나를 위해 성을 쌓고 있다."

주몽이 말했다. 그렇게 칠 일 만에 구름과 안개가 사라지고 산 위에 거대한 성곽이 드러났다. 사람들은 하늘의 뜻을 알고 덥석 엎드려 절을 했다.

주몽은 나이 사십이 될 때까지 나라를 다스리다 하늘로 올라갔다.

백제 왕의 어머니 소서노

백제 건국 신화

　소서노는 졸본 지역 세력가인 아버지 연타발과 함께 살고 있었다. 남편이 일찍 죽은 소서노에게는 비류와 온조라는 두 아들도 함께 있었다.
　소서노는 아버지를 통해 주몽이라는 사람을 알게 되었다. 첫눈에 주몽이 큰 인물이 될 거라는 걸 소서노는 알아봤지만 관심 없는 척했다.
　어느 날, 소서노는 주몽과 함께 사람들이 많은 시장에 나갔다.
　"주몽, 당신이 활을 그리 잘 쏜다니 저기 보이는 바구니를 맞출 수 있겠어요?"
　가게 기둥에 걸린 대나무 바구니를 가리키며 소서노가 말했다.
　"네, 물론입니다."
　주몽은 소서노가 자기를 우습게 본다고 생각했다. 바구니는 20

걸음도 안 되는 가까운 곳에 있었기 때문이다.

주몽은 소서노의 말대로 활시위를 당겨 바구니를 겨냥하려고 했다. 하지만 시장의 많은 사람에 가려 바구니는 아예 보이지도 않았다.

"길 좀 비켜 주시오. 주몽 님이 활을 쏘십니다. 비켜요. 비켜!"

주몽을 항상 따라다니던 무골이 사람들을 밀치며 말했다.

"주몽이 누군데? 왜 장사를 방해하는 거요?"

시장에 있던 사람들은 우르르 몰려들어 따지기 시작했다. 무골이 험상궂은 얼굴로 노려보았지만 사람들은 더 모여들 뿐이었다. 주몽은 이내 활시위를 내려놓아야 했다.

"그럼, 제가 한번 맞춰 보겠습니다. 잠시 길을 좀 내 주시겠소?"

소서노가 활을 들며 사람들에게 말했다.

"소서노 님이 하시는 일인데 어찌 우리가 방해할 수 있겠습니까?"

사람들은 소서노를 보자 반가운 얼굴로 길을 비켜 주었다. 소서노는 이 지역 사람들에게 덕망이 높고 존경받는 인물이었다.

소서노는 뻥 뚫린 길에서 활을 쏘아 바구니를 정확히 맞추었다.

"주몽, 당신은 활도 잘 쏘고 특출한 사람이지만 큰일을 더 하려면 많은 이에게 존경받는 사람이 되어야 합니다. 그러려면 시간이 아주 오래 걸릴 겁니다."

소서노는 시장을 다니며 사람들에게 주몽을 소개하였다. 앞으로 자기와 함께 큰일을 할 사람이라고 말이다. 사람들은 소서노 옆에

　있는 주몽을 보며 고개를 숙였다. 소서노가 하는 말의 뜻을 주몽은 알게 되었다.
　얼마 지나지 않아 주몽은 소서노와 함께 살게 되었다. 소서노의 남편이 된 것이다.
　소서노는 주몽의 일을 뒤에서 열심히 도왔다. 주몽은 필요한 많은 것을 소서노에게 얻을 수 있었다. 무엇보다 연타발과 소서노를 따르던 사람들이 주몽을 믿고 존경하게 되었다.
　주몽은 금방 큰 힘을 가진 사람이 되었고, 그 기틀로 세운 나라가 바로 고구려였다.

주몽은 말갈과 비류국 송양왕과 담판을 짓고 행인국과 북옥저마저 고구려에 귀속시켜 고구려를 커다란 나라로 만들었다. 고구려가 점점 강한 나라로 발전하는 데는 소서노의 역할이 컸다.

"동부여에서 소식이 왔습니다."

주몽은 하루도 잊고 있지 않던 동부여에서의 소식을 서신으로 받았다.

그건 주몽에게 슬픈 소식이었다. 동부여에 두고 온 어머니 유화가 세상을 떴다는 소식이었다. 주몽은 슬픔에 빠져 아무 일도 할 수 없었다.

주몽에게는 어머니와 함께 또 다른 그리움이 있었다. 자손에 대한 생각이었다. 동부여를 떠날 때 예씨 부인은 임신 중이었다. 그 아이는 어찌 자라고 있는지 점점 궁금증이 커지고 그리움이 쌓여 갔다.

예씨 부인의 배 속에 있던 아이는 남자아이였다.

유리라고 불리는 아이는 주몽을 닮아 똑똑하고 건강하게 자랐다. 하지만 공부보다 뛰어노는 일에 더 관심이 있었다. 유리는 동네 말썽꾸러기 아이들의 대장 노릇을 하며 하루 종일 마을을 뛰어다니느라 바빴다.

유리는 아이들과 참새를 잡으려고 나무로 만든 화살을 들고 다녔다. 참새를 향해 쏜 화살은 엉뚱하게 동네 아주머니 머리 위의 물 항아리로 날아가 버렸다.

결국 물 항아리는 깨지고 말았다.

"에구머니나!"

아주머니는 물에 흠뻑 젖고 말았다.

"이놈 유리야, 아비 없는 놈이니 말썽만 피우는구나!"

아주머니는 화가 나서 소리쳤다.

'아비 없는 놈'이란 소리를 들을 때마다 어린 유리에게 아버지에 대한 그리움은 점점 미움으로 바뀌고 있었다.

"어머니, 제 아비는 누구입니까?"

유리는 어머니 예씨 부인을 찾아가 물었다.

"네 아비의 얘기는 지금껏 비밀로 하였다마는 이제 너도 다 컸으니 알아야겠구나."

예씨 부인은 유리의 눈을 똑바로 쳐다보며 말을 이었다.

"네 아비는 고구려의 왕이니라."

유리의 눈은 커다래졌다. 믿을 수 없다는 듯 고개를 흔들었다.

"네 아비는 비상한 능력을 가지고 있어 동부여를 떠날 수밖에 없었단다."

"그런 능력이 있는데 왜 도망치듯 우리를 버리고 간 겁니까? 여기 남아서 왜 우리를 지켜 주지 못한 거죠?"

유리가 물었다.

"여기 남았다면 키워 주신 금와왕을 배신해야 했을 것이다. 은혜를 배신으로 갚을 수는 없지 않느냐."

"어찌 되었든 어머니와 저는 버림받은 게 아닙니까?"

유리가 눈물을 그렁거리며 말했다.

"너는 버림받지 않았어. 네 아비는 너를 위해 증표를 남겨 두었단다."

예씨 부인은 유리의 손을 잡고 말했다.

"증표요? 그게 어디 있단 말씀입니까?"

"그것은 칠각형의 돌 위에 서 있는 소나무 아래에 감추어 두었다고 했다."

"칠각형의 돌 위 소나무요?"

유리가 고개를 갸웃거리며 물었다.

"나도 그게 뭔지 모른다. 너는 이제 더 이상 머뭇거리지 말고, 그걸 찾아 네 아비를 만나라. 너는 너의 길이 있느니라."

예씨 부인은 유리의 등을 떠밀었다. 예전에 주몽을 떠나보내듯이 가슴이 아팠지만 아들에게는 아들의 운명이 있다고 믿었다. 예씨 부인은 유리가 방을 나서자 문을 꼭 닫고 뒤돌아 앉았다.

유리도 예전의 주몽처럼 절을 올리고 집을 나섰다.

그때부터 유리는 산이란 산은 모두 오르내리며 칠각형의 돌 위 소나무를 찾아 헤맸다. 하지만 산골짜기 어디에도 그런 소나무는 찾을 수 없었다. 며칠을 그렇게 헤매고 다니던 유리는 결국 다시 집으로 돌아왔다.

"어머니, 어머니!"

유리가 아무리 어머니를 불러도 예씨는 문을 열어 주지 않았다.

"어머니, 어찌 그리 무정하신가요?"

유리는 마당에 주저앉아 울었다. 한참을 울어도 예씨 부인의 방문은 열리지 않았다. 지칠 대로 지친 유리가 마른 울음을 헐떡이고 있을 때 어디선가 쇳소리가 들려왔다.

'째쟁 쨍.'

그 소리는 집의 기둥과 주춧돌 사이에서 들리는 것 같았다. 유리는 천천히 기둥 아래로 다가갔다. 돌과 기둥을 번갈아 보다가 유리는 눈을 크게 떴다.

"그래, 여기였어. 이렇게 가까운 곳에 있었다고!"

유리가 기뻐하며 소리쳤다.

기둥을 받치고 있는 주춧돌의 모양이 칠각형이었다. 기둥은 소나무로 만든 기둥이었다. 그 아래에서 쇠가 부딪치는 소리가 들려왔고 유리는 곧 그 아래 땅을 파 보았다.

마침내 땅속에서 부러진 칼 한 조각을 찾았다. 유리는 부러진 칼에 묻은 흙을 닦아 품속에 넣었다. 그리고 열리지 않는 어머니 예씨의 방을 향해 다시 한 번 큰절을 올렸다. 유리는 그길로 고구려를 향해 출발했다.

그즈음, 고구려 주몽에게는 한 가지 고민이 있었다. 자신을 이어 왕에 오를 태자를 정해야 했다. 주몽은 소서노의 아들들인 비류와 온조를 사랑했다. 비록 자신의 핏줄을 이어받지는 않았지만, 친아들처럼 아꼈다.

주몽은 이제 비류와 온조 중 태자를 정해야 한다고 생각했다. 하지만 어머님이 돌아가신 소식을 들은 후 자신의 핏줄을 이어받은 아이가 자꾸 떠올랐던 것이다.

"왜 서둘러 태자를 정하지 않는 건가요?"

소서노가 주몽에게 물었다.

"조금만 더 기다려 보시오. 내 곧 결정하리다."

소서노는 당연히 비류와 온조 중 하나가 고구려의 다음 왕이 될 거라 생각했다. 소서노는 자신의 마음을 헤아리지 않고 발표를 미루는 주몽에게 서운함을 느꼈다.

비류와 온조는 이런 사정을 모른 채 다음 왕이 될 이야기를 하고 있었다.

"아니다. 똑똑하고 용맹한 온조 네가 왕이 되는 게 고구려를 위해 좋을 것이야."

"당연히 서열이 위인 형님이 하셔야지요."

"그게 또 그러한가? 하하하."

비류는 용맹함과 강인함을 가진 사람이었다. 쉽게 흥분하기도

했지만 누구보다 용감하게 앞장서서 나랏일에 열심이었다. 형에 비해 온조는 조금 온순한 성격을 가졌다. 누구든, 무슨 일이든 포용하며 함께 일을 해 나갔다. 누가 왕이 되어도 나라를 잘 다스릴 수 있는 형제들이었다.

그러던 어느 날, 행색이 초라한 한 아이가 왕을 만나게 해 달라며 나타났다. 바로 유리였다. 유리의 모습은 거지꼴이었다. 제대로 먹지도 못하고 몇 날 며칠을 걸어서 동부여에서 고구려까지 찾아왔으니 말이다.

"나는 동부여에서 온 주몽왕의 아들입니다. 왕을 만나게 해 주십시오."

소식은 주몽에게 전해졌다. 주몽은 이 사실을 믿을 수가 없었다. 혹시나 하는 마음에 유리를 자신 앞으로 불러들였다.

"네가 진정 동부여에서 온 내 아들이란 말이냐?"

주몽이 유리에게 물었다.

"그렇습니다. 저는 유화의 손자, 주몽과 예씨 사이의 아들 유리라 하옵니다."

유리의 모습은 비록 거지꼴이었지만 당당한 목소리와 살아 있는 눈빛은 보통내기가 아니었다. 주몽은 그런 유리가 마음에 들었다.

"그렇다면 증명해 줄 증표가 분명 있을 터인데?"

주몽이 말했다.

유리는 품 안에 잘 담아 두었던 것을 꺼냈다. 그건 부러진 칼 한 조각이었다. 주몽은 그걸 보고는 단상 아래로 내려와 칼을 받아 들었다. 그리고 부러진 다른 한 조각을 자신의 품 안에서 꺼내 온전한 모양으로 맞추었다. 칼은 거짓말처럼 부러진 면이 서로 딱 맞았다.

"오, 그래! 나의 아들아."

주몽은 자신의 피를 이어받은 아들을 덥석 안았다.

유리는 얼마 지나지 않아 고구려 다음 왕에 오를 태자가 되었다.

많은 사람들에게는 기쁜 일이었지만 소서노와 아들들은 유리가 전혀 반갑지 않았다. 특히 소서노는 아들 중에 다음 왕이 나올 거라 생각했다. 그런데 주몽의 피를 이어받은 아들이 나타나 태자가 되어 버렸으니 소서노는 어찌해야 할지 고민에 빠졌다.

비류와 온조도 마찬가지였다. 곧 왕이 될 거라 기대했던 만큼 자신들의 처지가 한심했다.

"아들들아, 이 나라를 세운 것은 우리의 공도 크다. 우리들이 숨죽이며 이곳에 살아갈 이유는 없다. 다시 힘을 모은다면 또 다른 나라를 세울 수 있을 것이야. 남쪽으로 내려가 나라를 만들어 보자."

소서노가 비류와 온조에게 말했다.

"저희도 마침 그리 생각하던 참이었습니다."

그들에게는 따르는 많은 무리와 재산이 있었으니 가능할 거라 생각했다.

"우리는 남쪽으로 내려가 나라를 세울 것입니다."

소서노가 주몽에게 말했다. 주몽은 그들의 심정을 누구보다 잘 이해할 수 있었다. 그래서 붙잡을 수 없었다.

"많은 재산과 부하들을 함께 나누어 드리겠소. 부디 건강하시오."

주몽은 소서노 일행을 도와주고 싶었다. 그렇게 소서노 일행은 열 명의 신하와 많은 무리들을 이끌고 남쪽으로 내려갔다.

"강이 있고, 비옥한 땅이 있어 이곳보다 더 좋은 곳은 없을 것이다."

소서노는 한강 남쪽 하남 위례성에 자리를 잡자고 말했다.
"네, 어머님 생각이 옳은 것 같습니다."
온조는 소서노의 말에 따랐다.
"제 생각은 다릅니다. 앞으로는 바다를 지배하는 나라가 더 크게 될 것입니다."
비류가 힘주어 말했다.
"저는 서쪽 바닷가에 자리를 잡고자 합니다."
도전적이고 밀어붙이는 성격을 가진 비류는 뜻을 굽히지 않고, 자기를 따르는 사람들과 미추홀로 갔다. 비류는 소서노를 벗어나 스스로 뭔가 이루어 낼 자신도 있었다.

온조는 왕이 되었다. 나라의 기반을 세우는 데 중요한 역할을 한 열 명의 신하가 있었다. 그래서 나라의 이름을 '십제'라 지었다.

온조왕은 비옥한 땅에 농사를 지어 해가 갈수록 풍족해지는 나라를 만들었다. 나라의 힘은 점점 커져 갔고, 사람들이 하나둘 십제로 모여들었다. 미추홀 쪽에서도 사람들이 찾아오기 시작했다.

"비류 형님이 어찌 지내시는지 걱정입니다. 오늘도 미추홀에 살던 가족들이 찾아왔습니다."

온조왕은 소서노에게 형의 걱정을 털어놓았다.

"너무 걱정하지 마라. 비류는 강한 의지를 가진 사람이야. 뜻하는 바는 꼭 이룰 것이다."

소서노의 굳건한 믿음과는 달리 비류는 미추홀 지역에서 많은 어려움을 겪고 있었다. 바닷가 근처의 미추홀 지역은 땅이 습하고 물이 짜서 백성들이 편히 살 수가 없었다. 농사를 지어도 수확은 점점 줄어들었고, 때마다 불어오는 거센 바람에 살기가 점점 더 힘들어졌다.

"십제는 비옥한 토지에서 많은 식량을 얻어 잘 살고 있다고 합니다."

비류와 함께 온 신하들은 온조가 있는 곳으로 가자고 건의를 해 보았다.

"그렇게 할 수는 없다. 어찌 이런 비참한 모습을 동생에게 보여 준단 말이냐!"

비류는 크게 화를 내며 반대했지만 그리 오래 버티지는 못했다.

결국 백성들을 이끌고 온조가 있는 십제로 향했다.
"아무리 형이라도 지금 받아 주면 안 된다. 너의 자리를 위협할 것이다."
소서노는 비류가 찾아온 것이 달갑지 않았다. 왕의 자리를 놓고 형제 간의 싸움으로 번질 것이라 생각했다.
"비류 형님, 어서 오십시오."

온조왕은 소서노와 신하들의 반대에도 비류를 따뜻하게 맞았다. 온조왕은 약한 듯이 보이기도 하지만 자신의 이상에 대한 신념이 굳은 사람이었다.

"고맙구나, 아우야."

비류는 온조왕의 따뜻한 손길에 감동했다. 하지만 비류는 몸이 많이 상했던 탓에 십제에 온 지 얼마 되지 않아 세상을 뜨고 말았다.

비류를 따라왔던 남은 무리들은 온조왕의 자애로움을 보고는 믿고 따르게 되었다. 온조의 통합과 화합 정신 덕에 십제는 더 큰 나라가 될 수 있었다.

"내가 온조왕을 완전히 믿지 못했던 것 같구나."

소서노는 온조왕이 한 나라의 왕으로서 전혀 부족하지 않다는 걸 새삼 알게 되었다. 그제야 아들을 자랑스럽게 생각하게 되었다.

온조왕은 비류가 데려온 사람들과 나라를 합치며 십제에서 백제로 나라 이름을 바꾸었다. 백제는 점점 더 크고 튼튼한 나라로 성장해 갔다.

"고허촌 소벌공이 한번 해 보시오."
"나는 그런 인물이 아닙니다."
"허허! 왕을 하라는데도 싫다니."
"그럼 당신이 하면 되겠소."
"왕은 아무나 하는 게 아니잖소."

진한 땅의 여섯 마을 족장들은 매일 모여서 싸우는 게 일이었다. 조금은 우습게도 서로 왕이 되라고 미루는 싸움이었다.

"오늘도 결정을 못 내렸으니, 우리 정성을 모아 하늘에 기도를 드립시다."

"저희에게도 왕을 내려 주시옵소서."

족장들은 하늘을 향해 절을 올리며 간절히 기도했다. 여섯 마을을 하나로 합쳐 나라를 세우려 하는 데 마땅한 왕이 없으니 하늘에서 내려 달라고 입을 모아 바랐다.

그날도 족장들은 모여 서로가 왕을 하라며 싸우고 있었다.
"저기를 좀 보세요."
갑자기 고허촌의 소벌공이 벌떡 일어나 소리쳤다. 소벌공이 가리킨 곳은 하늘에서 한줄기 빛이 내려와 밝게 비추고 있었다.
'히이잉 휘잉.'
빛이 내린 곳에서 말 울음소리가 들려왔다.
"뭔가 신비한 일이 일어나고 있는 것 같습니다. 어서 저곳으로 가 봅시다."
족장들은 누가 먼저랄 것도 없이 서둘러 그곳으로 달려갔다.
여섯 촌장이 도착한 곳은 나정이라 불리는 우물가였다. 그 우물가에는 신기한 일이 벌어지고 있었다.
하늘에서 내려온 빛은 우물가를 비추고, 우물가를 향해 하얀 말이 무릎을 꿇고 앉아 있었다. 하얀 말은 쉬지 않고 빛이 비추는 곳을 향해 계속 절을 했다. 그 신기한 모습을 보며 족장들은 입을 다물지 못했다.
"저기 보이는 게 알인가요, 박인가요?"
"그러게요. 박처럼 생긴 알인지, 알처럼 생긴 박인지 알 수가 없네요."
족장이 가리킨 곳에는 자줏빛 커다란 알이 있었다. 여섯 촌장은 조심스럽게 알을 향해 다가갔다.

'휘이잉.'

그때 기다렸다는 듯 하얀 말이 일어나 몸통에 접고 있던 날개를 펼쳤다. 양쪽 날개를 펼치자 바람이 일기 시작했다. 하얀 말은 힘차게 날갯짓을 하며 하늘로 날아올랐다. 빛 주위를 뱅뱅 돌 때마다 조각난 빛들이 번쩍거렸다. 그 모습이 너무나 아름다워 족장들은 눈을 뗄 수 없었다.

"이건 분명 하늘이 내린 계시입니다."

소벌공이 말했다. 다른 족장들도 모두 고개를 끄덕였다. 그러고 나서 다시 알을 쳐다보았다.

"저…… 저기 알이 깨지고 있어요."

자줏빛 알이 쩍쩍 금이 갈 때마다 족장들은 어깨를 들썩이며 놀랐다. 두려움과 설렘에 족장들은 서로 부둥켜안았다.

"응애 응애."

알이 쫙 갈라지더니 그곳에서 아기가 나왔다.

사내아이의 목소리가 어찌나 큰지 족장들은 귀를 막아야 했다. 소리만 큰 것이 아니었다. 얼굴은 태양처럼 환하게 빛나고 몸집은 서너 살은 먹은 아이처럼 커 보였다. 아이는 족장들을 보더니 이내 울음을 그치고 방실거리며 웃어 댔다.

"이것은 분명 하늘이 우리의 간절함을 들어주신 것입니다. 우리에게 제일 필요한 것이 무엇입니까? 바로 왕입니다."

"정말 그런 것 같습니다."

"박처럼 생긴 알에서 나왔으니 성은 '박' 씨로 하고 이름은 '세상

을 밝힌다'라는 뜻의 '혁거세'로 합시다."

소벌공이 말했다. 다른 족장들도 고개를 끄덕이며 환영했다.

족장들은 아이를 따뜻하게 감싸서 마을로 내려왔다.

족장들이 마을에 내려와 보니 평소와 다르게 사람들이 요란스러웠다. 신기한 일이 그곳에서도 일어나고 있었던 것이다.

"알…… 알영에 가 보세요."

한 아주머니가 다가와 떨리는 목소리로 족장들에게 말했다.

"그 우물가에는 왜요? 무슨 일 있습니까?"

"커, 커다란 요…… 용이 나타났어요. 이만한……."

아주머니는 두 팔을 최대한 벌려 가며 말했다. 족장들은 박혁거세를 다른 사람에게 맡기고 알영이라는 우물가로 달려갔다.

"정말 요…… 용이다!"

우물 가까이 가지도 못하고 족장들은 멈춰 섰다. 우물가 위를 빙그르 돌고 있는 거대한 용이 무서웠다. 족장들은 나무 뒤에 숨어서 쳐다보았다. 바다를 헤엄치듯 자유롭게 하늘을 날던 용이 어느 순간 천천히 우물 아래로 내려앉았다.

"저기 사람이 있어요. 아기가 있다고요!"

소벌공이 소리쳤다.

자세히 보니 용의 왼쪽 옆구리에서 아이가 나오고 있었다. 용은 조심스럽게 아이를 땅 위에 내려놓았다. 아이를 지켜 주듯 주위를 몇 바퀴 돌더니 용은 다시 하늘로 올라갔다. 용의 꼬리가 구름 속으로 모습을 감추자 소벌공이 앞으로 나와 아이에게로 다가갔다.

투명한 유리처럼 깨끗한 피부와 아름다운 눈을 가진 여자아이였다. 하지만 아이의 모습은 조금 흉측했다.

"입이 닭 부리처럼 생겼네."

"이게 무슨 일입니까? 눈은 이렇게 어여쁜데…… 아이가 불쌍해서 어쩐대요."

족장들은 아이를 안고 이제 어찌해야 하나 고민에 빠졌다.

"같은 날 하늘에서 남자아이와 여자아이가 내려왔으니, 이것도 분명 하늘의 계시가 틀림없소이다."

족장 중에 하나가 말했다.

"이 아이가 하늘의 계시라고 하기에는 모습이 너무 흉측합니다."

다른 족장들은 고개를 저었다. 힘들게 왕을 얻었는데, 입술이 닭의 부리처럼 생긴 왕비를 맞게 할 수는 없다고 생각했다.

"정말 하늘의 계시가 맞는다면 분명 다시 만나겠지요."

소벌공이 말했다.

족장들은 조용히 의견을 모았다. 결국 여자아이를 멀리 보내 버리기로 결정했다. 소벌공은 아이를 품에 안고 월성 북쪽의 냇가로 갔다.

"아기야, 날 원망하지는 말아다오."

소벌공은 옷으로 감싼 아이를 냇가 근처에 내려놓고 서둘러 돌아갔다.

"꽤에에."

지나가던 사람이 이상한 울음소리를 따라 냇가로 향했다. 그리고 그곳에 버려진 옷더미를 들춰 보고는 깜짝 놀라 엉덩방아를 찧고 말았다.

구경꾼들이 하나둘 냇가로 몰렸다.

"저런 아이 곁에는 가까이 가지도 마. 무슨 해를 입을지 몰라."

아이의 입을 본 사람들은 정신없이 도망가기 바빴다. 누구도 아이를 데려가는 사람은 없었다.

"꾀꾀에에 꾀에."

아이는 밤이 되도록 홀로 슬피 울었다. 울음소리는 요상하고, 처량했다. 그때 마침 그곳을 지나가던 할머니가 아이를 발견했다.

"아이고 불쌍한 것. 어찌 이리 혼자 슬피 울고 있느냐?"

할머니는 아이를 안아 들고 달랬다. 아이의 얼굴을 가리고 있던 옷을 들춰 보고는 할머니는 깜짝 놀랐다.

"쯧쯧쯧."

할머니는 아이의 입술을 보며 안타까워했다.

"알영 우물가에 그런 일이 있다더니 정말이었구나. 그래 바로 너였어."

할머니는 용이 나타나 아이를 낳았다는 이야기를 들었던 것이다. 할머니는 아이를 냇가로 데려가 씻겨 주었다.

"아니, 이게 어찌 된 일이냐?"

닭 부리에 물이 닿자 부리가 조금씩 떨어져 나가기 시작했다.

몇 번을 물로 씻어 내자 닭 부리는 깨끗하게 사라지고 예쁜 입술이 드러났다.

아이는 방실방실 웃으며 할머니를 쳐다보았다. 맑고 큰 눈은 아름답게 빛나고 있었다.

"그래, 알영에서 태어났으니 네 이름을 알영이라 해야겠구나. 얼굴처럼 예쁘게 자라다오."

할머니는 아이를 안고 집으로 돌아갔다.

박혁거세는 튼튼하고 영특하게 자라났다. 한 나라의 왕으로서 부족함이 없는 모습이었다. 박혁거세가 열세 살이 되던 날, 마을 족장들은 그를 왕으로 모시기로 했다.

"이제 저희 여섯 부족을 하나로 합친 나라의 왕이 되어 주십시오."

여섯 족장은 예를 갖추며 큰절을 올렸다.

이내 마을에는 음악이 울리고 큰 잔치가 벌어졌다.

드디어 박혁거세는 왕의 자리에 올랐다. 박혁거세는 비록 어린 나이였지만 현명하고 자비로운 성격으로 한 나라를 다스리기에 부족함이 전혀 없었다. 그야말로 하늘에서 내린 왕이었다.

"이제 딱 한 가지만 해결하면 될 텐데……."

족장들은 왕에게 어울리는 왕비를 찾고 싶었다. 하지만 꼭 마음에 드는 왕비는 어디에서도 찾을 수가 없었다.

"예전에 알영 우물가 아이는 어떻게 되었을까요?"

소벌공이 말했다.

"그 얘기는 왕께서 모르시는 게 더 좋겠습니다."

다른 족장들은 입을 손가락으로 가리며 고개를 저었다.

박혁거세는 농사를 짓는 일을 도우러 가기 위해 알영 우물가를 지나가는 길이었다. 그런데 맑던 하늘에 갑자기 먹구름이 몰려들더니 비가 쏟아졌다. 박혁거세 일행은 서둘러 나무 아래로 피했다. 하지만 거센 비는 나무 아래까지 쏟아져 들이쳤다.

"왕께서 비를 맞으시면 안 되는데, 큰일이구나!"

왕을 모시던 소벌공은 안절부절못하며 피할 곳을 찾고 있었다. 가만히 보니 비를 피하는 사람들이 모두 알영 우물가로 달려가고 있었다. 신기하게도 우물가에만 비가 내리지 않고 있었다. 사람들은 그곳에 모여 비를 피하고 있었다.

"왕이시여, 어서 저리 피하시죠."

소벌공은 박혁거세를 모시고 우물가로 달려갔다.

"어찌 여기만 비가 오지 않는 것이냐?"

박혁거세가 가까이 있는 여자아이에게 물었다.

"알영 언니가 있으면 가끔 그렇거든요."

여자아이는 말하면서 한 사람을 가리켰다. 그곳에는 환하게 빛나는 여자가 서 있었다. 웃고 있는 모습이 누가 보아도 아름다웠다.

박혁거세는 눈을 떼지 못하고 여자를 쳐다보았다. 그이가 바로 알영이었다.

"어찌 이름이 알영인가?"

따라온 소벌공이 알영에게 물었다.

"저를 키워 주신 할머니께서 제가 이곳 우물에서 태어났다며 그렇게 불렀습니다."

알영은 차분한 목소리로 예의 바르게 얘기했다.

"알영 언니는 용의 옆구리에서 태어났어요."

여자아이가 소리쳤다.

소벌공은 놀란 입을 다물지 못하고 알영을 쳐다보았다. 알영은 아름다운 눈빛으로 소벌공과 눈을 맞추었다.

"저의 죄를 용서해 주십시오."

소벌공은 자신의 죄를 용서해 달라며 갑자기 알영 앞에 무릎을 꿇고 절을 올렸다.

"한날한시에 하늘에서 내린 인연을 제가 막으려 했습니다."

소벌공은 박혁거세에게 예전의 일을 모두 말해 주었다.

"인연으로 이렇게 만났으니 된 것 아니요."

박혁거세는 알영을 보며 자꾸 지어지는 미소를 참느라 애를 썼다. 알영도 박혁거세의 늠름한 모습에 얼굴이 빨개졌다.

"알영 언니 얼굴이 빨개졌어요."

여자아이가 소리치자 우물가에 있던 사람들은 모두 웃음을 참지 못했다. 박혁거세까지도 '허허허' 소리 내며 크게 웃었다.

어느새 비는 그치고 구름 사이로 밝은 빛이 우물가로 쏟아져 내렸다.
그렇게 만난 박혁거세와 알영은 곧 결혼식을 올렸다. 둘은 누구

보다 다정한 왕과 왕비로 지냈다. 박혁거세는 왕이었지만 낮은 곳을 꺼리지 않았다. 농사와 양잠을 장려하려 직접 전국을 돌면서 백성들을 만났다. 언제나 백성들의 풍요를 위해 노력한 결과 창고는 가득 차고 문을 잠그지 않아도 물건이 그대로 있을 정도로 서로 믿는 사회를 만들었다.

박혁거세가 왕이 된 지 30년, 옆 나라 마한의 왕이 죽자 신하들은 쳐들어가야 한다고 조언했다.

박혁거세는 "다른 사람의 불행을 이용하는 것은 어질지 못하다."라고 말하며 신하들의 고개를 숙이게 만들었다.

시간이 많이 흘러 박혁거세가 세상을 뜬 뒤, 몸이 다섯 조각으로 쪼개져 하늘에서 떨어졌다.

"왕의 몸에 이런 안타까운 일이 벌어지다니……."

 사람들은 현명하고 자애롭던 왕을 떠올리며 눈물을 흘렸다.
 "왕의 몸을 한곳에 모읍시다."
 다섯 조각난 몸을 모두 찾아 한곳에 모으기로 했다.
 막 왕의 몸을 옮기려 할 때였다.

'슈우욱 슉슉.'

어디선가 황소도 한입에 삼킬 듯한 커다란 뱀이 나타나서 사람들을 쫓아냈다. 왕의 몸이 떨어져 내린 곳마다 뱀은 나타나 사람들을 방해했다.

"이건 분명 하늘의 뜻인 거야. 다섯 조각 그대로 묻어 줍시다."

사람들은 다섯 조각이 떨어져 내린 곳에 왕의 무덤을 만들어 주었다. 그때서야 커다란 뱀은 어디론가 사라졌다.

그 무렵 알영도 세상을 떠났다. 하늘이 맺어 준 인연이 다시 하늘에서 맺어졌을 거라며 사람들은 왕과 왕비를 위해 기도했다.

거북아 거북아 왕을 내놓아라

가야 건국 신화

　한반도 남쪽, 낙동강 유역 평야 지대에 가야라고 불리는 작은 나라들이 있었다. 당시 가야에는 왕이 없이 '구간'이라 불리는 아홉 명의 촌장들이 모여서 나라를 다스리고 있었다. 아홉 명의 구간들이 모여서 항상 회의를 하던 곳은 구지봉이었다. 구지봉은 산 정상이 거북의 등처럼 평평하고, 서쪽 봉우리의 형상이 거북의 머리 모양 같아서 붙여진 이름이었다.
　어느 날, 구간들은 구지봉에 모여 한참 회의를 하고 있었다.
　"옆 나라에 왕이 하늘에서 내려왔다는 얘기는 들었소?"
　구간 중에 아도간이 걱정스러운 목소리로 말했다.
　"신비한 능력을 가진 왕이 우리에게도 있다면 얼마나 좋겠소."
　구간들은 앞날을 걱정하며 하늘을 올려다보았다.
　그때 푸르던 하늘이 갑자기 흐려지며 구름이 구지봉 위로 몰려들었다. 구름은 살아 있는 것처럼 뭉글뭉글 움직였다.

구간들은 갑자기 몰려든 이상한 구름에 긴장한 채 하늘만 올려다보았다.

"거북아 거북아 머리를 내밀어라. 그렇지 않으면 구워서 먹겠다."

구름 위에서 사람의 목소리가 들려왔다. 그 소리가 어찌나 크고 신비스러웠는지 마을 사람들도 그 소리를 듣고 구지봉으로 몰려들었다.

"거기 누구 있느냐?"

그때 다시 구름 위에서 목소리가 들려왔다.

"저희는 구간과 백성들입니다."

신령스러운 목소리에 놀란 백성들은 땅에 바짝 엎드려 대답했다.

"이곳이 어디냐?"

"구지봉이라 합니다."

"나는 하늘의 뜻에 따라 이곳에 새 나라를 세우고 왕이 되려 한다. 너희들은 막대기로 구지봉의 흙을 파며 노래를 부르도록 하여라."

"어떤 노래를 불러야 합니까?"

사람들은 고개도 들지 못하고 큰 목소리로 물었다.

"거북아 거북아 머리를 내밀어라. 그렇지 않으면 구워서 먹겠다."

구름 위에서 노래가 다시 들려왔다. 곧 하늘을 가리고 있던 구

름은 연기처럼 바람에 흩어져 사라졌다.

"우리에게도 하늘에서 왕을 내려 준답니다. 서둘러서 시키는 대로 합시다."

구간들 중 아도간이 소리쳤다.

구간들은 마을 사람들을 더 불러 모았고, 제사 준비도 했다. 구지봉은 어느새 사람들로 꽉 차서 발 디딜 틈이 없었다.

"거북아 거북아 머리를 내밀어라. 그렇지 않으면 구워서 먹겠다."

거북아~ 거북아~ ♪♬

아도간이 막대기로 땅을 파며 노래를 부르기 시작했다. 사람들도 모두 따라서 땅을 파기 시작했다.

"거북아 거북아 머리를 내밀어라. 그렇지 않으면 구워서 먹겠다."

사람들 합창 소리는 하늘에 닿을 듯 우렁차게 퍼져 갔다. 박자에 맞춰 땅을 파는 소리는 구지봉이 흔들릴 정도였다. 땅을 파고 노래를 부르고, 노래 부르고 땅 파기를 반복했지만 사람들은 힘든 줄 모르고 즐겁게 노래 불렀다.

"하늘을 보세요!"

누군가 소리쳤다. 사람들은 모두 고개를 들었다.

"하늘에서 줄이 내려온다."

밝은 햇살 사이로 자줏빛 줄이 내려오고 있었다. 줄 끝에는 붉은 보자기로 싼 금빛 상자가 매달려 있었다. 상자는 땅에 조심스럽게 내려졌다. 자줏빛 줄은 상자를 남기고 그대로 다시 하늘로 올라갔다. 구간들이 상자가 있는 곳으로 몰려들었다.

"하늘에서 왕을 내려 준다 했으니 어서 열어 보세요."
사람들은 어떤 왕이 찾아왔을까 하는 긴장과 기대감으로 눈도 깜박거리지 않고 상자를 쳐다보았다.

아도간이 나서서 붉은 보자기를 풀었다. 아도간의 손은 달달 떨리고 얼굴에는 식은땀이 주르르 흘러내렸다. 아도간이 보자기를 풀자 안에서 눈부신 금빛 상자가 나타났다. 아도간은 상자의 뚜껑을 열었다.

"알…… 알이다! 한두 개가 아니야."

상자 안에는 여섯 개의 둥근 황금 알이 놓여 있었다. 모두 솥단지만 한 커다란 알이었다.

"저희 마을로 하나 가져가 잘 모시겠소."

구간 중 신천간이 나서서 말했다. 그러자 다른 구간들도 나섰다.

"우리 마을도 하나 주시오."

아홉 마을 대표들은 서로가 자기 마을로 가져가겠다고 떠들었다. 마을은 아홉이고 알은 여섯 개밖에 안 되니 싸움은 끝이 나지 않았다.

"하나씩 따로 들고 가다가 떨어뜨리기라도 하면 어쩝니까? 한꺼번에 여섯 개가 내려온 것도 다 이유가 있을 테니 제일 가까운 마을로 모두 가져갑시다."

오도간이 다른 구간들을 설득했다. 사람들은 모두 그게 좋겠다고 생각했다.

그렇게 여섯 알을 모두 한곳으로 옮겼다. 커다란 상자를 들고 내려오느라 사람들은 땀을 뻘뻘 흘려야 했다. 무겁기도 했지만 잘못해서 떨어트리는 날에는 하늘에서 무슨 벌을 내릴지 겁이 났다.

"휴, 간신히 이곳까지 옮겼네요."

가장 가까운 마을의 큰 방으로 알들을 옮겼다. 사람들은 신기한 알을 보려고 밤늦게까지 몰려들었다.

깊은 밤이 되고 방에도 정적이 찾아왔다. 많던 사람들이 떠나고 남아 있던 사람들도 꾸벅꾸벅 졸기 시작했다.

'쩌어억 쩍.'

그때 가장 큰 알이 갈라지기 시작했다. 졸고 있던 오도간은 깜짝 놀라서 벌떡 일어났다.

'쩍 쩍.'

황금 알은 점점 갈라지더니 그 속에서 사내아이가 나왔다. 반짝이는 눈빛을 가진 아이는 오도간을 똑바로 쳐다보았다.

"내 이름은 김수로입니다."

아이는 또박또박 자기 이름을 말했다.

'쩍쩍 쩍 쩍쩍.'

그 뒤로 다섯 개의 알이 모두 깨지고, 다섯 명의 아이들이 나왔다.

알에서 처음 나온 김수로와 다섯 명의 아이들은 모두 특별했다. 날마다 쑥쑥 자라서 몇 주 만에 금방 나랏일을 맡을 수 있는 청년으로 자라났다. 몸만 자란 것이 아니라 지혜와 덕을 가진 어엿한 성인의 모습이었다.

"이제 왕의 자리에 올라 주십시오."

구간들은 여섯 아이들에게 무릎을 꿇고 예를 갖추었다.

알에서 깨어난 여섯 명의 아이들은 왕이 되어 가야의 여섯 나라를 각각 다스렸다. 김수로의 금관가야를 비롯해서 대가야, 아라가야, 고령가야, 성산가야, 소가야 이렇게 여섯 나라였다. 가야는 금관가야를 주축으로 이웃 소국을 끌어들여 영토를 넓혀 갔다.
　김수로왕은 때가 되어 왕비를 맞아들여야 했다. 신하들은 무엇보다 그것이 가장 큰 근심거리였다.
　"하늘의 뜻대로 다 이루어질 테니 너무 걱정들 마시오."
　정작 김수로왕은 아무런 걱정이 없는 듯 천하태평이었다.

　금관가야와 멀리 떨어진 곳에는 아유타국이 있었다. 가야에서는 배를 타고 한참을 가야 하는 아주 먼 나라였다. 아유타국 왕에게는 공주들이 있었다. 왕은 공주들의 짝을 찾고 있었다.

그러던 어느 날 밤, 왕은 이상한 꿈을 꾸었다.

"금관가야의 왕 김수로는 하늘에서 내려온 성스러운 사람이다. 공주를 보내어 김수로왕과 짝을 삼게 하라."

누군가 나타나 왕에게 명령을 내렸다.

왕은 공주의 짝을 찾아 줄 수 있게 되어 기뻤지만 꿈만 믿고 딸을 먼 곳으로 보낼 수는 없었다. 그런데 왕비가 와서는 지난밤 꿈 얘기를 털어놓았다. 놀랍게도 왕과 똑같은 꿈을 꾼 것이었다.

"이건 하늘의 계시입니다."

왕과 왕비는 기뻐했다. 하지만 어떤 딸을 보내야 할지는 알지 못했다. 할 수 없이 공주들을 모아 놓고 지난밤 꿈 얘기를 들려주었다.

"그건 그냥 꿈이잖아요."

"그 먼 나라까지 어찌 가요?"

다른 공주들은 모두 고개를 저으며 싫다고 했다.

"제가 그곳에 가겠습니다."

허황옥이 나섰다. 허황옥은 이제 겨우 열여섯 살로 앳된 모습이었다. 하지만 허황옥은 누구보다 총명하였다. 조용하지만 하고 싶은 일에는 망설임이 없었다.

왕과 왕비는 부모로서 기쁨 반, 걱정 반이었다.

"허황옥이 하늘이 내린 사람과 혼례를 하게 된다니 기쁘긴 하지만 또 걱정입니다. 그 먼 곳까지 배를 타고 가야 하니까요."

왕비가 말했다.

"그러게 말입니다. 그쪽 뱃길은 파도가 험하기로 소문난 곳인데…….”

왕은 한숨을 내쉬었다.

"방법이 있습니다. 파도의 신 '파신'의 노여움을 잠재우는 법 말입니다.”

신하 하나가 나서서 말했다.

"그 방법이 무엇인가?"

"신성한 돌을 쌓아 올린 파사 석탑을 배에 싣고 가면 됩니다."

허황옥을 태운 배는 각종 보물과 파사 석탑을 싣고 금관가야로 향했다. 파사 석탑을 실은 탓인지 바다는 잔잔한 파도만 살랑거렸다.

그 무렵, 김수로왕은 유천간, 신귀간을 불러들였다.

"지금 바로 서남쪽 해안 망산도에 가서 공주를 맞아 오시오."

유천간과 신귀간은 망산도로 향했다.

"왕이 가라 해서 갑니다만, 누가 공주인지 어찌 알겠소."

"그러게 말입니다."

유천간과 신귀간은 걱정이 앞섰다. 하지만 그 걱정은 해안에 도착하자 깨끗이 없어졌다.

그곳엔 지금껏 어디서도 본 적 없는 모양의 배가 막 들어서고 있었다. 그 배 안에는 누가 봐도 귀한 사람처럼 생긴 여인이 있었다. 바로 허황옥이었다.

"바로 저분이네요."

유천간과 신귀간은 망설임 없이 허황옥 공주에게 달려갔다.
"저는 아유타국에서 온 허황옥이라고 합니다. 이 나라에 왕비가 되러 왔습니다."

당당하지만 오만하지 않은 말투는 두 신하를 흡족하게 만들었다.
"왕께서 미리 아시고, 저희를 보내어 공주님을 모셔 오라 하셨습니다."

허황옥은 그 말을 듣고서야 안심할 수 있었다. 부모님의 꿈을 믿고 나서긴 했지만 그동안 불안한 마음도 있었기 때문이다.
　공주는 신하를 따라 궁으로 갔다. 김수로왕이 궁 밖까지 나와 공주를 기다리고 있었다. 공주는 그곳에서 다시 한 번 이곳에 오기를 잘했다고 생각했다.
　"하늘에서 정해 준 인연이니 소중히 여기고 살아가겠습니다."
　김수로왕은 겸손한 태도로 허황옥을 맞았다.
　궁 밖에 몰려 있던 백성들은 환호와 박수로 공주를 환영했다. 궁에서는 몇 날 며칠 동안 이어지는 커다란 잔치가 열렸다.
　김수로왕과 허황옥은 열 명의 아들과 딸 하나를 두었고 백 살이 넘도록 행복하게 살았다.